Demur Chomakhidze

Les énergies renouvelables en Géorgie : Sources et réalisation

Demur Chomakhidze

Les énergies renouvelables en Géorgie : Sources et réalisation

Imprint

Any brand names and product names mentioned in this book are subject to trademark, brand or patent protection and are trademarks or registered trademarks of their respective holders. The use of brand names, product names, common names, trade names, product descriptions etc. even without a particular marking in this work is in no way to be construed to mean that such names may be regarded as unrestricted in respect of trademark and brand protection legislation and could thus be used by anyone.

Cover image: www.ingimage.com

This book is a translation from the original published under ISBN 978-613-8-32770-7.

Publisher:
Sciencia Scripts
is a trademark of
Dodo Books Indian Ocean Ltd. and OmniScriptum S.R.L Publishing group
Str. Armeneasca 28/1, office 1, Chisinau MD-2012, Republic of Moldova, Europe
Printed at: see last page
ISBN: 978-620-5-38175-5

1. La Géorgie est située dans le Caucase du Sud, au carrefour de l'Europe de l'Est et de l'Asie occidentale.

2. La superficie totale est de 69 700 km^2 . 20% de la superficie totale est occupée par la Russie.

3. Nombre d'habitants : 3 720 400

4. Capitale : Tbilissi

5. Monnaie : Lari (1 dollar US=2,42 GEL)

6. PIB par habitant : 3852,5

7. Le carburant et les autres sources d'énergie sont disponibles en petite quantité, même si elles ne sont pas très abondantes de ce point de vue.

8. Les fleuves disposent de grandes quantités d'énergie hydroélectrique qui compensent en grande partie le manque de combustible du pays. Actuellement, les ressources de l'hydroélectricité technique ne sont utilisées qu'à 12 %.

9. La Géorgie est riche en sources d'énergie alternatives (solaire, géothermique, éolienne, etc.).

Le potentiel énergétique des rivières

La Géorgie dispose de rivières à fort potentiel énergétique et est riche en centrales hydroélectriques. Ce fait compense en partie le déficit en combustibles du pays.

La Géorgie dispose d'un potentiel hydroélectrique important en raison de son relief montagneux. Les montagnes du Caucase et du Petit Caucase ont une pente particulièrement forte, et les rivières de ces montagnes peuvent avoir un potentiel hydroélectrique élevé, car elles sont capables de générer une pression importante sur de courtes distances. Cette affirmation est particulièrement valable pour la Géorgie occidentale.

Au total, la Géorgie compte 26.000 rivières d'une longueur totale de 60.000

km. Les rivières d'une longueur totale de 25 km ou moins représentent 99,3 % du volume total des rivières et 76 % de la longueur totale de toutes les rivières. Le volume total du flux d'eau est de 52,8 km^3 , tandis que les ressources totales en eau de la Géorgie atteignent 61,5 km^3 . Si l'on ajoute l'eau douce, y compris les glaciers, les lacs, les réservoirs et les zones humides, le volume d'eau total passe à 96,5 km^3 .

Selon "Hydro Project", 319 rivières sur le total existant ont un potentiel hydroélectrique important, avec une capacité potentielle de 15,63 millions de kW et une production annuelle moyenne totale de 135,8 milliards de kWh. 208 de ces rivières sont de petite et moyenne taille, avec une capacité potentielle de 14,78 GWh et 129,5 TWh. Les 111 autres rivières ont un potentiel de 851 milliers de kW (7 % de la capacité totale des rivières).

L'énergie de l'ensemble des eaux de surface de Géorgie est de 228,5 TWh, avec une capacité correspondante de 26,1 GWh.

Selon les études du même institut, si nous prenons en compte le potentiel hydroélectrique théorique des principaux fleuves de Géorgie, nous pouvons calculer la quantité de flux fluviaux par mètre carré, soit 3,27 GWh pour l'ensemble du pays, 5,06 GWh pour la Géorgie orientale et 1,73 GWh pour la Géorgie occidentale. En termes absolus, cela signifie que 228,5 TWh (72,1 %) reviennent à la Géorgie occidentale et 63,7 TWh (27,9 %) à la Géorgie orientale.

Si nous séparons le potentiel des petites, moyennes et grandes rivières, nous pouvons estimer qu'elles représentent 60 % (135,8 TWh) du potentiel énergétique total des eaux de surface, 40 % supplémentaires (92,7 milliards de kWh) étant attribués aux eaux des montagnes (voir tableau 2.1) :

Sources d'énergie hydroélectrique

Hydropower sources	Capacity GWh	Energy TWh	%
Total potential of surface water Flows	26.08	228.5	100
Theoretical potential of large, medium and small rivers (319 rivers)	15.62	135.8	59.5
Theoretical potential of water flow from mountains	10.46	92.7	40.5

Le potentiel hydroélectrique théorique des grands et moyens cours d'eau s'élève à 136 TWh, soit 3,4 % du potentiel hydroélectrique total de tous les cours d'eau situés sur le territoire des anciennes républiques soviétiques. Le potentiel hydroélectrique technique de la Géorgie est de 81 milliards de kWh ; le potentiel hydroélectrique économique s'élève à 39 TWh. Le potentiel hydroélectrique par mètre carré du territoire géorgien actuel est de 1943 ths kWh, l'un des chiffres les plus élevés au monde. La Géorgie se place au troisième rang des pays de l'URSS en termes de potentiel hydroélectrique par habitant, dépassant de 41,7 % les valeurs moyennes de l'URSS. Une autre condition favorable à la construction de centrales hydroélectriques est que 40 % du potentiel hydroélectrique techniquement possible de l'ensemble des 319 rivières sont concentrés sur huit rivières principales (Mtkvari, Rioni, Enguri, Tskhenistskali, Kodori, Bzifi, Khrami et Aragvi). Le potentiel économique des principaux fleuves de Géorgie est indiqué dans le tableau 2.2. Le potentiel hydroélectrique de la Géorgie mentionné ci-dessus (135,8 TWh) reflète la capacité de 319 petites et moyennes rivières.

On sait que la répartition saisonnière de la capacité hydraulique potentielle ne dépend théoriquement que de la saisonnalité des variations de débit. De plus, la redistribution au cours de l'année ou au cours de différentes années est possible grâce à la construction de centrales de cogénération conventionnelles, c'est pourquoi la saisonnalité du déficit hydrique est la plus importante pour le développement du complexe thermoélectrique du pays, compte tenu de la situation énergétique globale. Tableau 2.2

Potentiel économique des principaux fleuves de Géorgie

Name of the river	Annual economic potential bl. kWh	Share from total economic potential, %
Enguri	10,7	27,4
Rioni with Tskhenistskali	8,3	21,3
Kodi	5,7	14,6
Alazan of Tusheti	3,8	9,7
Mtkvari with Aragvi	3,5	9
Bzifi	2,5	6,4
Khrami and Faravani	2,0	5,1
Shaori and Tkibuli	0,8	2,1
Small rivers	1,7	4,4
All	39,0	100,0

Les données relatives à la répartition saisonnière annuelle du potentiel hydroélectrique pour les principaux fleuves de Géorgie sont présentées ci-dessous, en pourcentage du potentiel annuel (voir tableau 2.3) :

Répartition annuelle du potentiel hydroélectrique pour les principaux fleuves de Géorgie

Territory	Area km^2, ths.	Seasonal distribution of resources, %			
		Winter	Spring	Summer	Autumn
West Georgia	32,6	16,0	33,3	32,2	18,5
East Georgia	37,3	13,8	43,6	26,6	16,0
Total	69,7	15,4	36,2	30,6	17,8

Il convient de noter que les théories de détection, d'évaluation et de calcul du potentiel d'exploitation de l'énergie hydraulique reposent sur des données du siècle dernier et nécessitent une évaluation supplémentaire selon des normes modernes. Les travaux dans ce sens en sont encore à leurs débuts. Pour le soutien en ingénierie du développement de l'hydroélectricité, des ressources supplémentaires sont nécessaires pour les travaux de terrain et les études de bureau.

Répartition du potentiel hydroélectrique entre les principaux bassins hydrographiques
de Géorgie

River basin	Catchment area, km^2	Average annual capacity, MW	Share in total hydropower potential, %	Average annual generation, GWh	Per square capacity Ths. kW/km	Per square generation, GWh/km^2
Mtkvari	18243	2204	14,1	19303	3,23	1,06
Rioni	13418	2985	19,1	26148	3,1	1,95
Enguri	4058	2063	13,2	18071	6,82	4,45
Kodori	2036	1329	8,5	11636	7,78	5,72
Bzifi	1502	797	5,1	6982	5,23	4,65
Sum	-	9378	60,0	82140	-	-

Le potentiel hydroélectrique annuel techniquement réalisable des grandes et moyennes centrales de cogénération est de 81 TWh, dont 73 % en Géorgie occidentale (59 TWh) et 27 % en Géorgie orientale (22 TWh).

La répartition du potentiel technique entre les principaux bassins fluviaux du pays est présentée dans le tableau 2.4. Le potentiel hydroélectrique économiquement réalisable est d'environ 39 TWh, ce qui correspond à près de 50 % du potentiel techniquement réalisable. Le potentiel économiquement exploitable des principaux bassins fluviaux du pays est présenté dans le tableau 2

Dans ce contexte, le potentiel hydroélectrique du pays a des effets positifs mais aussi négatifs : il est inégalement réparti sur le territoire géorgien. L'ouest et l'est de la Géorgie ont presque la même superficie, l'ouest de la Géorgie représentant 70 % du potentiel énergétique.

Table 2.5   montre la répartition régionale du potentiel hydroélectrique. La catégorie A comprend les rivières pour lesquelles des études méthodologiques détaillées sont disponibles, tandis que pour les rivières de la catégorie B, seuls des calculs approximatifs sont disponibles.

Regions	Number of category A rivers	Number of category A rivers	Total capacity of the rivers 10^3 kW	Generation GWh.
Abkhazia	40	15	3644,7	31344
Svaneti	19	13	3216,0	26416
Samegrelo	11	2	1736,8	15531
Imereti	23	12	2577,8	20580
Racha-Lechkhumi	13	6	2235,4	18220
Guria	7	-	508,8	4290
Adjara	14	2	795,4	6490
Samtskhe-Javakheti	17	10	667,6	5848,2
Kvemo-Qartly	8	-	664,0	5784
Shida Qartly	20	9	1670,5	14657
Mckheta-Mtianeti	15	18	2088,6	17925
Kakheti	29	26	1527,5	11973

Table 2.6 montre que toutes les rivières géorgiennes ont un potentiel hydroélectrique important. Les plus remarquables sont : Abkhazie, Swaneti, Imereti, Racha-lechkhumi, Mtkheta- mtianeti, Samegrelo et Shida Qartli. Les principaux fleuves en termes de potentiel énergétique sont : Enguri, Rioni, Mtkvari - où se trouvent la plupart des centrales de cogénération en service et où le potentiel est considéré une fois.

La Géorgie est exceptionnellement riche en très petites rivières. Leur potentiel techniquement réalisable est de 12,3 TWh. Ces dernières années, 300 plans d'utilisation des petites et moyennes rivières ont été élaborés, dont 229 petites centrales de cogénération peuvent être installées dans 47 districts différents. Parmi celles-ci, 155 peuvent être installées dans 28 districts de Géorgie occidentale et 73 dans 19 districts de Géorgie orientale. La capacité totale des petites centrales de cogénération est de 2,1 GWh ; elles peuvent produire 12,3 TWh par an. 66,7 % de la capacité et 68,38 % de la production sont concentrés dans la partie occidentale de la Géorgie.

La plupart des rivières géorgiennes présentent une saisonnalité grossière, c'est-à-dire un débit d'eau élevé au printemps/été et un débit d'eau faible en automne/hiver. Pour cette raison, une utilisation efficace du potentiel peut être obtenue par la construction de différents types de centrales de cogénération, où l'impact sur le régime naturel est minimal et où le développement d'une application mutuelle des systèmes naturels et artificiels a lieu.

Pour continuer à développer le potentiel hydroélectrique en tant que ressource énergétique importante, il est nécessaire d'étudier et de justifier la méthodologie d'utilisation, de définir les sites et les paramètres de nouveaux objets par une utilisation complexe, en tenant compte des échelles et de l'opportunité.

Selon le ministère géorgien de l'énergie, le projet international, financé par une subvention du ministère des affaires étrangères du Royaume des Pays-Bas, est en cours. L'objectif du projet est d'étudier les bassins fluviaux et d'établir une liste d'installations de cogénération potentielles. Le projet comprend la numérisation et la comparaison des données hydrologiques et météorologiques historiques existantes. Le résultat final sera une carte numérique de la Géorgie dans le système SIG, sur laquelle apparaîtront les informations sur les centrales de cogénération potentielles :

Coordonnées, capacité, production d'électricité, montant des investissements pour la construction, etc. Les paramètres technico-économiques des centrales hydroélectriques existantes et potentielles sont présentés dans les annexes.

Situation actuelle et défis

Au 1er janvier 2016, 67 HPP étaient en service, dont 19 grandes et moyennes HPP et 48 petites HPP (voir tableau 2.6).

Tableau 2.6

Capacité installée et production des centrales de cogénération en Géorgie, 2015

N	Name of HPP	Generation (GWh)	Installed capacity (MW)
1	Enguri	3287,41	1300
2	Vardnili	557,53	220
3	Khrami 1	225,46	112,8
4	Khrami 2	341,77	114,4
5	Jinvali	405,81	130
6	Vartsikhe cascade	763,19	184
7	Rioni	307,07	48
8	Gumati	282,33	68,8
9	Lajanuri	377,73	112,5
10	Dzevruli	117,15	80

11	Shaori	106,19	38,4
12	Zahesi	185,13	36,8
13	Ortachala	78,795	18
14	Atskhesi	58,25	16
15	Chitakhevi	94,45	21
16	Satskhene	18,25	14
17	Khadori	135,73	24
18	Larsi	67,75	19
19	Faravani	407,22	86,54
20	48 small HPPs	508,78	160,8
21	Total HPPs	8326,014	2804,96

5 centrales de cogénération, 4 petites et une moyenne, ont été mises en service en 2016, pour une capacité totale de 116,7 MW. En conséquence, début 2017, 72 centrales de cogénération étaient en service, avec une capacité installée totale de 2921,66 MW. La plupart d'entre elles sont situées dans l'ouest de la Géorgie (dans les bassins fluviaux d'Enguri et de Rioni). Près de la moitié de la production annuelle d'électricité est fournie par 7 centrales de cogénération conventionnelles d'une puissance installée totale de 1991 MW et produisant plus de 5 TWh d'électricité par an. La capacité totale installée des 12 centrales de cogénération saisonnières existantes s'élève à 646 MW, tandis que 48 petites centrales de cogénération déréglementées (moins de 13 MW), avec une capacité totale installée de 162 MW, ne fournissent que 5 % de la production totale.

Le volume total de stockage des HPP conventionnels est de 2259 millions de m^3 (dont 1425 millions de m^3 de volume utile).

De grandes parties des centrales électriques existantes sont obsolètes et doivent être modernisées afin d'améliorer leur efficacité. Dans la plupart des cas, le plan de remplissage et de vidange n'est pas respecté comme prévu et aucune énergie n'est accumulée en période de déficit.

Ces dernières années, la construction de centrales de cogénération a fortement augmenté ; 18 centrales de cogénération ont notamment été mises en service entre 2010 et 2015, pour une puissance installée totale de 174 MW.

Grâce aux avancées modernes en matière d'ingénierie hydraulique, il est possible de construire des dizaines de centrales hydroélectriques de grande et moyenne taille, économiquement viables. Malgré cela, le taux d'exploitation du potentiel hydroélectrique reste faible. En 2016, la production hydroélectrique a atteint 9,2 TWh, soit seulement 11,4 % de la capacité technique et 23,6 % de la capacité économique.

Les principaux défis à relever dans l'étude du potentiel hydroélectrique et de son utilisation sont les suivants :

1. Recalcul du potentiel hydroélectrique.
2. Construction de centrales CCF conventionnelles avec régulation saisonnière afin d'augmenter la production d'électricité en hiver.
3. Construction de complexes de centrales électriques conventionnelles, dans la mesure du possible.
4. Construction de centrales hydroélectriques offrant la possibilité de réguler le débit d'eau et de l'utiliser pour l'irrigation, l'approvisionnement en eau et la production d'électricité.
5. Établir une liste de mesures à mettre en œuvre pour assurer la sécurité et la restauration du littoral de la mer Noire contre les dommages causés par le retrait des sédiments des rivières.
6. Exploiter pleinement le potentiel hydroélectrique local économiquement réalisable.

3 Énergie solaire

Potentiel d'énergie solaire

Compte tenu de la situation géographique de la Géorgie, l'efficacité et la durée de l'ensoleillement sont assez élevées. Dans la plupart des régions géorgiennes, la durée annuelle des jours d'ensoleillement varie entre 250 et 280 jours, ce qui, compte tenu du rapport entre les heures de jour et de nuit, correspond à 1900-2200 heures par an. Le rayonnement solaire annuel varie entre 1250-1800 kWh/m selon les régions[2] . Le potentiel solaire total de la Géorgie est estimé à 108 MW, ce qui correspond à une puissance thermique de 34 mille tonnes.

Le rayonnement solaire maximal atteint 10kWh/m^2 en été et 4-4,5kWh/m^2 les jours de soleil en hiver. Le maximum annuel d'ensoleillement a été mesuré à Rodionovka avec 2633 heures, tandis que le minimum à Sairme était de 1147 heures. L'ensoleillement annuel de certaines régions de Géorgie est présenté dans le tableau 3.1 ci-dessous.

Tableau 3.1

Ensoleillement annuel pour certaines régions de Géorgie

Stations	Elevation (m)	Perpendicular surface (kWh /m^2)	Horizontal surface (kWh /m^2)
Senaki	40	1317	1329
Sokhumi	116	1351	1415
Anaseuli	158	1198	1303
Tbilisi	428	1861	1402
Telavi	568	1350	1408
Tcalka	1457	1386	1457
Jvari Pass	2395	1503	1586
Kazbegi	3653	1706	1790

La figure 3.2 présente un atlas du rayonnement solaire en Géorgie :

Figure 3.2 Répartition du rayonnement solaire, Atlas

Situation actuelle et défis

Actuellement, jusqu'à 50 000 panneaux solaires sont installés pour l'approvisionnement en eau chaude, principalement pour l'eau chaude des salles de bain et des cuisines, le chauffage des piscines et le chauffage de la maison pendant les mois d'hiver. Les petits panneaux solaires photovoltaïques sont également assez répandus dans la population, généralement avec une puissance comprise entre 20 et 2000 watts. Selon l'association "Solar House", jusqu'à 400 systèmes solaires photovoltaïques d'une puissance totale de 90 kW sont installés en Géorgie. Selon le supermarché technique leader "Qebuli climate", jusqu'à 5700 panneaux solaires ont été vendus et installés pour la production d'eau chaude.

Récemment, le 30 juillet[th] , 2016, l'aéroport international de Tbilissi a installé des panneaux solaires pour produire de l'électricité avec l'aide d'entreprises japonaises. La puissance moyenne du système est de 316kW, la production annuelle de 337kWh, la surface couverte de 4000m^2 , la réduction des émissions de CO2 de 187 tonnes. L'électricité produite est utilisée pour l'éclairage des terminaux.

L'une des entreprises actives sur le marché géorgien propose pour 2,2 dollars US des batteries solaires monocristallines de 1 W fabriquées selon des technologies allemandes.

Le ministère de l'énergie et "Headwall Power International" ont signé un mémorandum sur l'étude du potentiel énergétique dans la commune de Gardabani. Conformément au mémorandum, Headwall Power International et son partenaire "Solar Power Company" ont étudié le potentiel énergétique de Gardabani pendant 12 mois.

Le 30th juin 2016, un protocole d'accord a été signé entre le gouvernement géorgien et une entreprise publique, le Fonds géorgien de développement énergétique, afin d'assurer l'étude/l'analyse des données sur l'énergie solaire dans la municipalité de Sagarejo, dans la région de Kakhétie. La puissance installée de la centrale solaire est de 5 MW et la production annuelle estimée est de 6 900 000 KWh. Une étude de faisabilité de l'entreprise a déjà été réalisée. Les termes d'un protocole d'accord sont actuellement négociés avec le ministère géorgien de l'économie et du développement durable et le consultant prépare les documents d'appel d'offres pour l'entrepreneur EPC (Engineering, Procurement and Construction).

Afin d'illustrer l'efficacité de la conversion de l'énergie solaire en énergie thermique, nous avons réalisé une expérience visant à déterminer les économies annuelles en termes de coûts d'exploitation réalisées en fournissant de l'eau chaude aux habitations à l'aide d'un capteur solaire à tubes sous vide.

La méthode d'expérimentation était la suivante : En l'espace de 24 heures, on a observé quelle quantité d'eau était chauffée par le chauffe-eau solaire et à quelle température.

Les observations ont été réalisées en l'espace d'un an à Kutaisi sur un chauffe-eau de 230 litres installé dans une famille de cinq personnes et alimenté par un régulateur SR500 pour chauffe-eau solaire (voir tableau 3.3). On y trouve les données techniques et économiques :

- Type - tube à vide.
- Volume d'eau dans le collecteur - 230 l.
- Nombre de tubes - 20.
- Type d'alimentation en eau - sans pression.
- Orientation - sud-est.

- Angle d'inclinaison - 45^0 C.

- Espace effectif de l'absorbeur 2,52 m^2 .

- Surface de montage : 3 82.

- Longueur/largeur : 1800/1655.

- Diamètre du tube à vide : 58 mm.

- La longueur de la conduite de vide : 1800 mm.

- Capacité du booster électrique : 1500 wt.

- **Protection contre les sédiments : Anode de magnésium.**

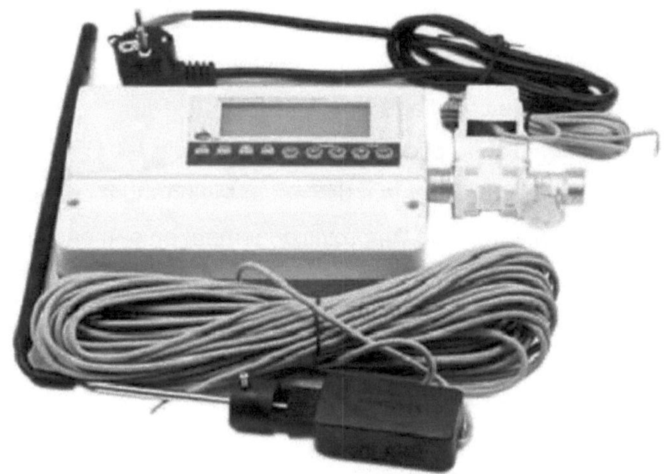

Figure 3.3 Régulateur de système solaire SR500.
Caractéristiques du régulateur automatique du chauffe-eau solaire SR 500 :

Données techniques :

1. Dimensions : 210mm*145mm*48mm.

2. Alimentation en tension : AC230V ±10%.

3. Consommation électrique : < 4 W.

4. précision de la mesure de la température : ± 2^0 C.

5. Plage d'affichage de la température : 0~99^0 C.

6. Plage de mesure de la température : 0~99^0 C.

7. Puissance appropriée de la pompe : 1 pièce< 600W.

8. Puissance appropriée du câble chauffant électrique : 1 pièce<800W.

9. Puissance appropriée du booster électrique : standard<2000W.

10. Température ambiante : -10⁰ C~ 50⁰ C.

11. Degré d'étanchéité : IP40.

Fonctions Mise en place et fonctionnement :

1. Fonction mode auto.

2. Chauffage d'appoint à température contrôlée en trois périodes préréglées.

3. Fonction thermostat pour l'alimentation en eau.

4. Fonction de chauffage.

5. Fonction d'absorption d'eau.

6. Fonction de chargement de l'eau à température contrôlée.

7. Fonctionnement de l'approvisionnement en eau en cas de pénurie d'eau.

8. Contrôle de la température de la fonction d'isolation de la conduite d'eau.

9. Fonction de l'isolation des tuyaux.

10. Fonction de chauffage à température constante.

11. Protection du capteur contre les températures élevées.

12. Protection contre la basse pression de l'eau.

13. Protection de la mémoire.

14. Restauration des paramètres d'usine

Les frais de première installation sont inclus :

-Chauffe-eau solaire- 1350 gel (558 USD).

-contrôleur- 150 gel (62 USD).

-Matériel auxiliaire- 200 gel (82 USD).

-installation- 200 gel (82 USD).

-tout : 1900 gel (785USD).

Le **circuit de connexion** du **régulateur à un** chauffe-eau solaire **est illustré à la** figure 3.4, qui montre que le **régulateur** SR **500 est connecté au** chauffe-eau électrique installé dans un chauffe-eau, au conducteur **avec la puissance de chauffage, aux** sondes et à la **vanne électromagnétique, à l'aide de** laquelle **il** exécute les commandes de fonction mémorisées.

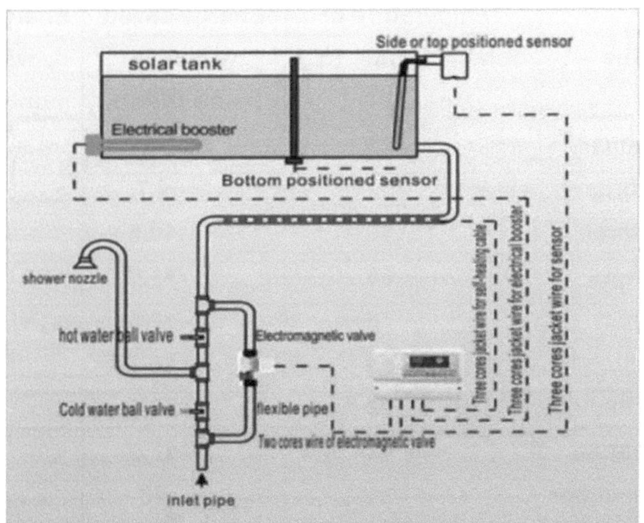

Figure 3.4 **Le circuit de raccordement du régulateur à** un **chauffe-eau solaire**

Le chauffe-eau solaire a reçu les commandes suivantes : Affichage du niveau d'eau, de la température et de la date sur l'écran. La fonction de remplissage en fonction de l'heure a été activée. Le réservoir était rempli chaque nuit à 4 heures. L'ordre a été donné de régler la température à 90^0 C et, si la température était plus basse que nécessaire, le chauffage électrique d'une puissance de 1500 watts devait être mis en marche dans le chauffe-eau.

En l'espace de 24 heures, 200 l d'eau chaude à une température de 45^0 C sont calculés par personne. La température de l'eau froide dans le réseau est de 15^0 C en été et de - 10^0 C en hiver. 1 kcal d'énergie thermique est nécessaire pour chauffer 1 l d'eau à une température de 1^0 C. Les données relatives aux économies d'énergie dans un cas particulier d'utilisation de l'énergie solaire pour la production d'eau chaude sont présentées dans le tableau 3.5.

Tableau 3.5

Observations sur le fonctionnement des installations solaires pour la production d'eau chaude sanitaire

Months	Temperature of obtained water (^{0}C)	Energy saved within 24 hours (KW/h)	Energy saved within a month (KW/h)
January	23	3	90
February	30	4,7	141
March	55	10,5	315
April	65	11,6	348
May	73	13,5	405
June	85	16,3	489
July	92	17,9	537
August	92	17,9	537
September	71	13	390
October	58	10	300
November	37	6,3	189
December	18	1,9	57

3798 KW/h d'énergie ont été économisés en un an pour la production d'eau chaude dans un immeuble aux dépens de l'énergie solaire. Si l'on considère qu'en Géorgie, 300 KW/h d'énergie coûtent 0,1693 GEL, cette famille économise chaque année (3798*0,1693) 643 GEL sur le budget familial. Les coûts de production d'un chauffe-eau sont remboursés en 3 ans (1900/643=2,95), la durée de fonctionnement est de 20 ans, c'est-à-dire que l'investissement de 1900 GEL permet à la famille d'économiser (17*643) jusqu'à

11000 GEL. Pour produire la même quantité d'énergie en 20 ans avec du gaz naturel, environ 8 tonnes (20*2019/9,45*1,9) de gaz à effet de serre sont émises dans l'environnement.

4 Énergie éolienne

Ressources en énergie éolienne

La vitesse moyenne annuelle du vent en Géorgie est de 0,5 à 9,2 mètres/seconde. Dans certaines régions, elle dépasse 15 m/sec. Selon les études existantes, le potentiel total d'énergie éolienne s'élève à 1 450 MW, avec une production annuelle moyenne de 4 160 GWh.

La Géorgie se trouve à la limite nord de la zone de haute pression subtropicale et subit une forte influence des processus hémisphériques septentrionaux, qui vont globalement d'ouest en est.

La complexité géographique de la Géorgie détermine la diversité du climat sur son territoire. Le régime des vents sur le territoire géorgien est dû au caractère de la circulation générale de l'atmosphère, à la situation géographique et au relief. La Géorgie est sous l'influence du déploiement moyen et subtropical de la circulation atmosphérique, et les conditions de cette circulation sont déterminées par les changements dans le mouvement dynamique de l'anticyclone dynamique et la position du front polaire, ainsi que par les processus atmosphériques dans les zones moyennes et tropicales.

Pendant la saison chaude, la Géorgie est sous l'influence de la branche orientale de l'anticyclone Azor, la zone de haute pression est établie sur les hauts plateaux du Caucase et, pendant cette période, la continuité de la direction ouest augmente. Dans les basses terres de Kolkheti et dans les zones côtières actuelles, les vents d'ouest et de sud-ouest pénètrent de la mer vers la terre, leur taux de réplication atteignant 60 %. Dans les contreforts et les collines du Caucase, ce sont les vents d'est et de sud-est qui dominent, tandis que dans les montagnes de Javacheti, ce sont les vents de nord-ouest qui prédominent.

En raison de l'influence de l'anticyclone de Sibérie occidentale en hiver, une zone de basse pression se forme sur la mer Noire, tandis que la pression est plus élevée dans les régions centrales de Transcaucasie. Dans ces conditions, la vallée de Kolkhida et les gorges de Rioni sont dominées par des vents d'est dont le taux de reproduction atteint 45 à 60%. Dans les contreforts et les collines du Caucase, les vents du nord et du nord-est augmentent en durée. Dans les régions montagneuses de Javakheti, ce sont les directions du sud et du sud-est qui dominent, avec un taux de reproduction de 60 %.

Presque tout le pays est bien représenté par la circulation montagnarde, qui se caractérise par une période diurne périodique. Pendant la journée, le vent souffle des plaines vers les montagnes et, la nuit, sur le versant opposé des montagnes.

Dans les régions côtières de la mer Noire, la brise s'ajoute à la circulation de montagne. Dans ce cas, le vent se renforce lorsque la brise et la circulation de montagne sont compatibles.

La Géorgie dispose d'un potentiel d'énergie éolienne qui n'est pratiquement pas exploité. Selon des études spécifiques, l'offre théorique d'énergie éolienne en Géorgie est de $1,3 * 10^{12}$ kWh par an, alors que le potentiel du vent à une vitesse supérieure à 4,0 m / s est de près de 4,5 TWh par an.

En fonction du potentiel naturel d'énergie éolienne, le territoire géorgien est divisé en quatre zones :

1. Zone à grande vitesse - les montagnes de Géorgie du Sud, la vallée de Kakhaberi et la partie centrale de la plaine de Colchide. La durée du travail est de plus de 5000 heures par an.

2. Zone partielle de grande vitesse et de faible vitesse - bassin de Mtkvari de Mtskheta à la vallée de Kakhaberi. La durée des travaux est de 4500 à 5000

heures par an.

3. Zone d'utilisation effective pour les parcs éoliens à faible vitesse - crête de Gagra, plaines de Kolkheti et basses terres de Géorgie orientale.

4. La zone limitée pour les parcs éoliens à faible vitesse - le plateau d'Iori et le barrage de Sioni.

La fréquence des vents forts en Géorgie est observée au sommet des montagnes et des cols, par exemple à Mta-sabueti, où le nombre de vents forts est élevé. La vitesse moyenne annuelle du vent y est plus élevée que dans d'autres endroits - 9,2 m / s.

Dans les basses terres de Kolkheti, les deux directions principales des courants sont l'est et l'ouest, mais les courants de circulation thermique locaux s'y superposent. Dans la partie nord, la direction du vent du nord s'est renforcée, ce qui est dû à la proximité des sommets du Caucase. La partie sud est sous l'influence des vents d'ouest et la contribution des vents d'est n'augmente qu'en hiver. La circulation thermique est bien développée dans les gorges ouvertes sur la mer, où elle prédomine sur les vents d'est. L'ouverture de la partie centrale de la plaine de Kolkheti en direction de la latitude contribue au développement des vents de direction est-ouest, dont la nature est plus proche de celle des vents de mousson. Les régimes de vent d'été (vent de mer) et d'hiver (vent de terre) y sont nettement marqués. Dans la partie orientale de la plaine de Kolkheti, les chaînes de montagnes de la chaîne de Likhi jouent un rôle important, ce qui renforce également l'influence du vent d'est.

Dans les plaines de Shida Kartli, les vents soufflent principalement de l'ouest et du nord-ouest. Les directions de l'est sont moins fréquentes que celles de l'ouest. Les vents du nord, dont les directions méridiennes sont formées par les contreforts de la crête principale du Caucase, sont nettement plus fréquents.

La disposition des montagnes Kartli et du contrefort sud de la région montagneuse du sud de la Géorgie entraîne une orientation des vents vers le nord-ouest, mais dans certaines régions de Kvemo Kartli, la fréquence des vents du sud et de l'est est assez élevée.

Dans les montagnes de Javakheti, les vents viennent du sud et du nord, et l'alternance saisonnière de ces directions est clairement visible. Dans la partie occidentale des monts Mtianeti, les vents dominants sont ceux du nord-ouest en été et du sud-ouest en hiver.

Les vitesses les plus élevées sont généralement observées l'après-midi, les plus faibles la nuit et le matin, lorsque le contraste de température entre les zones verticales est uniforme. Les caractéristiques relatives du relief influencent les variations de vitesse au cours de la journée.

L'ensemble du territoire géorgien est caractérisé par un décalage annuel direct des vitesses de vent, le maximum de vitesse se situant pendant la période automne-hiver. Certaines régions du sud de la Géorgie font exception à cette règle : on y observe une régression annuelle des vitesses de vent.

Il convient de noter que les variations saisonnières de la vitesse du vent sont observées sur l'ensemble du territoire géorgien tout au long de l'année. Les inconvénients des éoliennes peuvent être considérablement améliorés en couplant ces installations à de petites centrales électriques. Les travaux dans cette direction sont d'une grande importance pour résoudre avec succès le problème de la stabilité de l'approvisionnement en électricité dans les régions montagneuses de Géorgie.

Les WPP multipales (lentes) tournent à des vitesses de vent de 3 - 3,5 m / s, et les WPP à trois pales (rapides) commencent à circuler lorsque la vitesse du vent est de 4 - 5 m / s. Les WPP à trois pales (rapides) tournent à des vitesses de vent plus élevées. Ci-dessous, dans le tableau 4.1, une liste des stations météorologiques du territoire de la Géorgie où les vitesses de vent sont égales ou supérieures à 3 - 9 m / s avec une durée de 2500 heures par an. La construction de WPP est recommandée dans ces régions de Géorgie.

Points où la vitesse du vent est de 3 - 9 m/sec ou plus

Meteorological station	Speed of Wind					
	≥ 3	≥ 4	≥ 5	≥ 7	≥ 8	≥ 9
Gagriskedi	3395	2317	1921	1220	598	502
Mountain pass of Mamisoni	6980	5019	4369	2568	1773	1565
Kazbegi	4591	4241	3932	3082	2706	2453
Ckhra-Tskaro	6740	6001	3876	2191	1915	1033
Akhalkalaki	3620	2490	1804	708	440	245
Foti	4280	2944	2015	997	785	538
Ureki	5223	2703	1702	678	422	325
Kobuleti	3327	2434	1427	711	540	300
Batumi	6243	4715	3593	1566	1244	838
Chargali	3909	2462	1731	795	541	336
Jvari	3489	3181	2538	1998	1870	1528
Muxuri	3722	949	889	143	23	19
Tcalenjikha	3149	691	512	159	104	92
Kheta	2215	1650	1386	992	726	635
Lanchkhuti	3040	1624	1449	833	503	476
Samtredia	3708	2568	1990	1047	837	594
Vani	2570	1520	1447	894	523	511
Kutaisi	6014	4492	3814	2687	2402	1933
Dablacikhe	3655	1695	1637	808	358	328

kvedadimi	3358	1933	1545	900	523	445
Kharagauli	2984	2129	1836	1263	887	800
Tsifa	2872	1356	1280	626	335	324
Tkibuli	2820	2282	2103	1147	705	638
Korbouli	3837	2851	2132	910	477	227
Mountain of Sabueti	7127	6003	4901	3683	3224	2755
Khashuri	3571	2265	1622	807	627	503
Skra	5017	4184	3560	2196	1628	1398
Gori	3399	2567	1991	967	617	474
Tskhinvali	3328	1569	1490	786	431	431
Sioni	2983	1592	1289	621	405	346
Digomi	4020	2698	2545	2036	1495	1420
Airport of Tbilisi	4436	3742	3361	2708	2536	2265
Samgori	3752	2961	2733	2026	1636	1442
Martkofi	3245	3009	2507	1961	1860	1607
Rustavi	4131	3213	2853	2114	1773	1650
Kojori	2854	1071	953	415	196	191
Iormuganlo	2405	1347	1246	794	568	532
Udabno	2632	1991	1524	1039	787	635
Eldari	2957	1489	829	290	150	115

La figure 4.2 présente l'atlas de l'énergie éolienne en Géorgie.

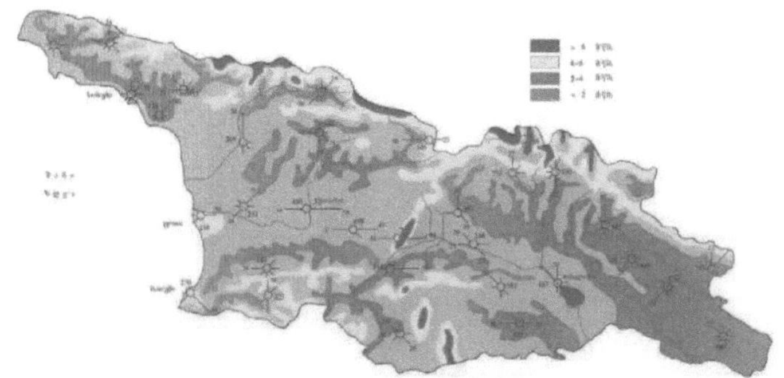

Figure 4.2 Atlas de l'énergie éolienne en Géorgie

Situation actuelle et défis

Dans la commune de Gori, six éoliennes d'une capacité de 3,45 (modèle de turbine : V117- 91,5HH) et d'un diamètre de 117 mètres ont été installées en 2016, pour une puissance totale installée de 20,7 MW et une production annuelle de 88 GWh. Cela permet d'économiser jusqu'à 5 tonnes de gaz à effet de serre par an (voir dessin 4.3).

Un total de 34 millions de dollars a été dépensé pour la construction. Le projet a été financé par un crédit de 22 millions de dollars de la BERD. Le parc éolien appartient à "Qartli Wind Farm" LLC, le fondateur de l'entreprise étant l'Etat.

Figure 4.3. Parc éolien de Gori

Avec le fonctionnement simultané de 6 turbines, cette centrale fournit de l'électricité à 18.00020000 familles, sachant que chaque famille consomme en moyenne environ 200 kilowatts. Il est prévu d'augmenter la capacité jusqu'à 100 MW.

Une fois que le parc éolien de Qartli est passé de la phase expérimentale à la phase de production d'électricité, son exploitation n'a jamais cessé. Elle produit 1 700 000 kWh d'électricité en deux semaines. L'énergie produite par la centrale a été entièrement injectée dans le réseau électrique géorgien. Le 21 décembre, l'énergie produite par la centrale éolienne a atteint 10 572 kWh. La centrale fonctionne sans problème et son rendement est de 54 %, ce qui est élevé pour une centrale de ce type.

L'électricité produite par la centrale éolienne est achetée à un tarif prédéterminé. Dans le protocole d'accord signé entre le parc éolien de Kartli, le gouvernement géorgien, la compagnie nationale d'électricité de Géorgie et l'Electricity System Commercial Operator (ESCO), ESCO s'est engagé pour 10 ans à acheter 100% de l'électricité produite par la centrale à un prix de 6,89 $. Ce tarif correspond approximativement à la valeur de l'électricité importée.

Un an après sa mise en service, le parc éolien de Qartli a produit 87,7 GWh, ce qui correspond presque à la production estimée.

Le graphique ci-dessous montre la production mensuelle estimée et réelle du parc éolien de Qartli en 2017 :

Tableau 4.4

Production estimée et réelle du QWF en 2017

Month	Estimated Generation	Actual Generation
January	6 400 000	6 540 000.0
February	6 900 000	5 817 840.0
March	8 300 000	8 934 520.0
April	7 400 000	9 412 900.0
May	7 500 000	7 910 560.0
June	7 200 000	8 762 040.0
July	6 900 000	7 315 840.0
August	6 700 000	8 421 280.0
September	7 000 000	6 847 540.0
October	7 100 000	6 893 600.0
November	6 400 000	5 074 300.0
December	6 300 000	5 793 620.0
Total	84 100 000	87 724 040.0

Figure 4.5 Comparaison de la production d'électricité estimée et réelle (KWh) du parc éolien de Qartli.

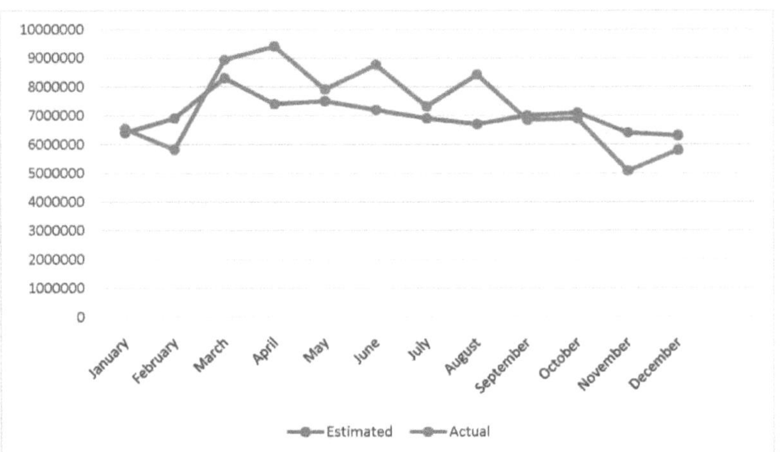

La Géorgie dispose d'un potentiel éolien considérable et plusieurs études sur l'énergie éolienne ont identifié des zones propices à la construction de parcs éoliens :

1.1. Poti-50 MW qui produiront 110 GWh par an

2. Centrale électrique de 50 MW de Chorokhi, qui produira 120 GWh par an ;

3. Centrale électrique de Kutaisi-100 MW, qui produira 200 GWh par an ;

4. Mta-Sabueti N1- Centrale électrique de 150 MW qui produira 450 GWh par an ;

5. Mta-Sabueti N2 - centrale de 600 MW qui produira 2 000 GWh par an ;

6. Centrale électrique Gori-Kaspi de 200 MW qui produira 500 GWh par an ;

7. Caravane - Centrale électrique de 200 MW qui produira 500 GWh par an
;

8. Centrale électrique de Samgori de 50 MW, qui produira 130 GWh par an
;

9. Rustavi - Centrale électrique de 50 MW qui produira 150 GWh par an ;

L'une des entreprises présentes sur le marché géorgien propose un générateur éolien de 600 watts (12/40 volts) avec son unité de contrôle pour 290 dollars. La Géorgie est un pays riche en sources d'énergie renouvelables, dont un grand potentiel énergétique repose sur les ressources en eau. En termes de pourcentage de ressources en eau par habitant, la Géorgie est l'une des premières nations au monde, mais actuellement, seuls 18 à 20 % du potentiel technique des ressources en eau sont utilisés. D'autre part, en raison de la saisonnalité du secteur énergétique, l'exploitation du potentiel de l'énergie éolienne revêt une importance particulière pendant les mois d'hiver, lorsque le potentiel des ressources en eau de la Géorgie diminue. En ce qui concerne le fait que l'énergie éolienne est plus chère que l'énergie hydraulique, il convient de noter que l'énergie éolienne est au contraire beaucoup moins chère que l'importation et la production de chaleur, notamment en hiver, lorsque l'énergie hydraulique ne suffit pas à répondre à la demande de la population géorgienne.

5 Énergie géothermique

Potentiel énergétique géothermique

L'énergie géothermique se réfère principalement à l'énergie de l'eau thermale souterraine. La Géorgie est l'un des pays qui possède les plus grandes réserves de cette forme d'énergie.

Actuellement, il existe sur le territoire géorgien 300 sites d'eau thermale d'une température de 60 à 110^0 C, avec une extraction annuelle totale de 230 à 270 millions de m^3 , d'une capacité totale de 310MW, avec une production potentielle de 1,82,3 milliards de TBS. Il est important de les inclure dans le complexe combustible-énergie géorgien. Les principaux indicateurs des eaux géothermiques en Géorgie sont présentés ci-dessous (voir tableau 5.1).

Principaux indicateurs des eaux géothermiques en Géorgie

Tableau 5.1.

Numb. of ore	Name of ore	Number of wells	Temperature T^0C	Debit m^3/day.	Thermal capacity MWh	Savings of greenhouse gas, ths. Ton per year
1	2	3	4	5	6	7
1	Dranda	1	93	1500	4,8	7,0
2	Kindgi	11	75-108	26600	95	141,2
3	Mokvi	8	100-105	13470	48,9	73,5
4	Okhurei	2	104	3500	12,8	19,1
5	Tkvarcheli	2	35-38	690	0,35	0,53
6	Rechkhi	1	77	1080	2,6	4,5
7	Saberio	1	34	1230	0,5	0,8
8	Zugdid-Tsaishi	15	78-98	24564	69,8	103,8
9	Torsa	1	63	108	0,2	0,3
10	Okros satcmisi	1	63	104	0,2	0,3
11	Kvaloni	2	78-98	4300	11,6	17,2
12	Khobi	1	82	450	1,1	1,7
13	Bia	1	65	2600	4,8	7,2
14	Jafshkari	1	64	120	0,2	0,3
15	Zeni	1	80	372	0,9	1,4
16	Zana	1	101	400	1,4	2,1
17	Menji	3	57-65	5750	9,2	13,6
18	Isula	1	75	370	0,9	1,3
19	Noqalaqevi	2	80-82	700	1,8	2,6
20	Tckaltubo	79	31-35	20000	7,7	11,5
21	Samtredia	1	61	3000	4,9	7,2
22	District of Vani	3	52-60	2152	3,2	4,8
23	Vani	2	60	2780	4,5	6,8
24	Amagleba	1	41	346	0,3	0,5
25	Simoneti	1	42	520	0,4	0,6
26	Abastumani	3 წყ.	48	1040	1,1	1,7
27	Vardzia	3	45-58	1330	1,75	2,7
28	Tmogvi	1	62	520	0,9	1,3
29	Naqalaqevi	3	34-58	795	0,64	1,05
30	Aspindza	1	42	864	0,7	1,0
31	Cixis Jvari	1	32	1000	0,34	0,5

32	Borjomi	25	30-41	537	0,4	0,6
33	Akhaldaba	4	33-42	500	0,26	0,43
34	Tcromi	5	39-55	732	1,03	1,64
35	Agara	1	82	260	0,7	1,1
36	Khvedureti	2	45-49	140	0,15	0,2
37	Tbilisi I	7	56-70	3760	6,5	9,9
38	Tbilisi II	5	38-48	1111	0,82	1,16
39	Ujarma	1	42	50	0,04	0,06
40	Torgvas Abano	1 ry.	35	800	0,4	0,6
41	Tcnori	1	37	864	0,5	0,75
42	Heretis kari	2	34-37	3300	1,65	2,6
43	All			135599	307,1	458,4

Les résultats des travaux d'excavation menés par "SakBourgGeotherm" ont montré que les minerais des districts de Kindgi-Mokcu, Kindi et Drandi, Okhureti, Zugdidi-Tsaishi et Kvalloni en Géorgie occidentale, tandis qu'en Géorgie orientale, les gisements de Tbilissi et d'Agara, dont les ressources s'élèvent à 650 mille m^3 / jour, avec des températures de 56- 107^0 C.

Les gisements d'eau thermale identifiés se trouvent dans les régions suivantes :

Puits d'eau thermale de Tbilissi, avec 7 puits : 6 sont en service et 1 est surveillé. La charge générale des puits est de 3760 m3 / jour ; la température est de 56-70 0C. L'eau est de l'hydrocarbonate-chlore-sodium, avec une minéralisation de 0,2 - 0,4 g / l. Le minerai est exploité depuis 1973. Le gisement est toujours en activité, l'eau thermale est fournie aux habitants de Tbilissi et aux objets domestiques (bains) à des fins d'approvisionnement en eau chaude.

Il y a 3 puits de surveillance dans le complexe thermique d'Agara. Le débit est de 160 m^3 / jour, la température de 75-82^0 C. L'exploitation industrielle du gisement n'a pas encore eu lieu.

Il y a un puits d'extraction à Samtredia, appelé "Samtredia". L'eau thermale est extraite à 1700 m^3 / jour, température - 61^0 C. Le puits a été mis en service en 1973. L'eau a été fournie à la station thermale de Samtredia et à diverses entreprises de service public à des fins balnéologiques et pour l'approvisionnement en eau chaude. Dans le gisement d'eau thermale de Menji est de 2400 m^3 / jour, la température - 58 0C. L'eau est sulfate-chlore-calcium-sodium-magnésium, minéralisé à 2,6 g / l. Le puits est en service depuis 1973. L'eau a été fournie à Menji Resort pour la balnéologie. Il ya 4 puits sur l'eau thermale Kvlavani : 2 est en cours d'exploitation et 2 de surveillance. La charge commune du puits d'exploitation est de 5450 m^3 / jour, température 79- 100^0 C. Il y a dix-huit puits sur le gisement d'eau thermale de Zougdidi-Tsaisi : 10 opérationnels, 5 de surveillance et les 3 d'explosion. Le débit des puits est de 24564 m^3 / jour, la température - 78- 98^0 C. L'eau est sulfate-chlore-sodium-magnésium, avec une minéralisation de 0,87-6 g / l. Le gisement a commencé à être exploité en 1973. L'eau a été fournie à la société de distribution Zugdidi pour l'approvisionnement en eau chaude, à des propriétés agricoles à des fins technologiques et à la station thermale de Tsaishi à des fins balnéologiques. Le puits Saberio ne comporte qu'un seul forage. A l'intérieur de l'horizon d'eau se trouve Kveda Tsartsi, qui se situe à 1633-2555 m. intervalle est. Il n'y a qu'un seul puits de production sur la source d'eau thermale Rachka. Le débit est de 1080 m^3 / jour (niveau d'eau 80 m) ; température - 72^0 C. Le gisement a été mis en exploitation en 1977. L'eau est fournie au lotissement Enguri HPP et au complexe sportif pour l'approvisionnement en eau chaude. Il n'y a qu'un seul forage pour l'exploitation et un pour la surveillance du site d'eau thermale d'Okhurea. La charge de l'eau thermale est de 3500 m^3 / jour, température - 105^0 C. Le gisement a été mis en exploitation en 1973. L'eau a été fournie au combinat de serres Okhurea.

Dans la zone du puits Kighde-Mokvi, il y a 12 puits : 8 pour l'exploitation, 3 pour la surveillance, 1 pour l'explosion. L'eau thermale est chargée à 26100 m^3 / jour, température- 75- 107,5^0 C. Le puits a été mis en service en 1972.

En analysant le volume et la température de l'ensemble des ressources en eau thermale de la région, les avantages économiques et énergétiques potentiels sont résumés dans cet histogramme par région : (figure 5.2)

Figure 5.2 Capacités des flux d'eau thermique dans les régions de Géorgie (MW)

Situation actuelle et défis

Ces dernières années, l'eau thermale était principalement utilisée dans l'agriculture (combinaisons de serres, usines de thé, élevage de volailles et techniques de pitching), dans les services publics (Tbilissi, Zougdidi) et dans la balnéologie (stations thermales de Samtredia, Menji, Tsaishi). Dans les années 1990-1995, en raison de la situation dans le pays, la plupart des puits ont été détruits et ont commencé à épuiser les ressources en eau. Actuellement, il existe 51 puits en état de marche, surveillés et isolés, des trains thermiques d'une longueur totale de 170 km et 22 stations de pompage.

Dans l'ouest de la Géorgie, la plupart des bases, des moyens de transport, des stations de pompage, des puits de forage et des thermites ont été détruits et pillés dans les années 90.

L'eau thermale est utilisée à 100 % uniquement dans la mine de Tbilissi. Environ 10 000 personnes dans les districts de Vake et Saburtalo à Tbilissi sont approvisionnées en eau thermale de 3000m^3 à une température de 56-70^0 C,

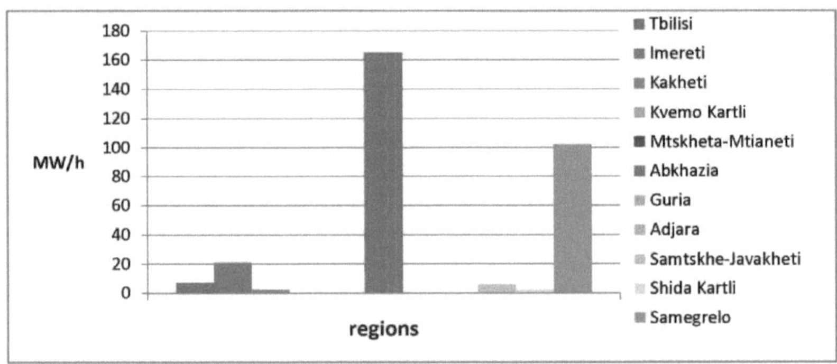

ce qui permet d'économiser 100 gallons ou 14200 tonnes de charbon de bois et d'ajouter 1,5 million de m^3 d'eau potable par an. Il y a également plusieurs bains dans le quartier balnéaire de Tbilissi qui sont également

De l'eau chaude provenant de la géothermie de Tbilissi ; l'ancienne usine de valorisation du vin située dans la cour du ministère de l'agriculture géorgien utilise également de l'eau thermale pour la vaisselle et la désinfection. Plusieurs bains sont en service à Tskaltubo et sont utilisés pour le traitement ; la plupart des gisements du puits sont tombés en désuétude sans être exploités.

Étant donné que 82 % des eaux géothermiques de notre pays sont pauvres en minéraux et non agressives, et que leur potentiel de tempérage se situe dans une fourchette de 60 à 95^0 C, il est recommandé d'utiliser ces types d'eau et de sélectionner les zones de culture où ces systèmes sont compétitifs par rapport aux systèmes traditionnels.

Faute d'équipement adapté, les forages géothermiques existants aujourd'hui sont principalement utilisés directement pour couvrir les besoins communaux (60 %). L'agriculture (surtout dans les serres) utilise 25 % des ressources et l'industrie 15 %. En outre, seule une partie de l'énergie thermique est utilisée et 30 à 40 % du travail est dilué inutilement. Nous pensons que chaque secteur doit évoluer vers des schémas d'utilisation efficace de l'énergie géothermique, dans lesquels l'énergie géothermique est pleinement utilisée. Leur efficacité dépend de nombreux facteurs techniques, économiques et environnementaux interdépendants. Les facteurs techniques comprennent le développement de systèmes complexes et d'installations techniquement efficaces pour l'utilisation de l'eau géothermique, ainsi que la sélection d'utilisateurs capables d'utiliser l'eau géothermique successivement (à plusieurs moments) pour mettre en œuvre des processus technologiques. Les facteurs économiques comprennent principalement les coûts de forage des puits géothermiques, les investisseurs pour la création d'un système complexe d'isolation thermique, ainsi que les coûts d'exploitation et les indicateurs énergétiques généraux de la région. Parmi les facteurs écologiques figure la résolution du problème de la pollution thermique de l'environnement. Pour l'éviter, il est nécessaire de relancer la peinture à l'eau géothermique (à l'envers).

Des calculs ont été effectués sur la rentabilité économique et environnementale justifiée de l'utilisation de l'énergie produite par la source géothermique installée à Samegrelo, à des fins domestiques ou pour la production d'eau chaude : dans le district de Tsaishi se trouvent 15 anciens puits d'exploitation, d'où l'eau s'écoule encore aujourd'hui.

coule à flot. Leur débit total est de 24564 m^3 , la température de l'eau - 78-98^0 C, la puissance thermique totale - 69,**8 MW/h.** Le débit **et la température de cette eau** sont **tout à fait suffisants** pour l'**utilisation de** l'eau géothermique **dans les** systèmes de chauffage et pour l'approvisionnement en eau chaude.

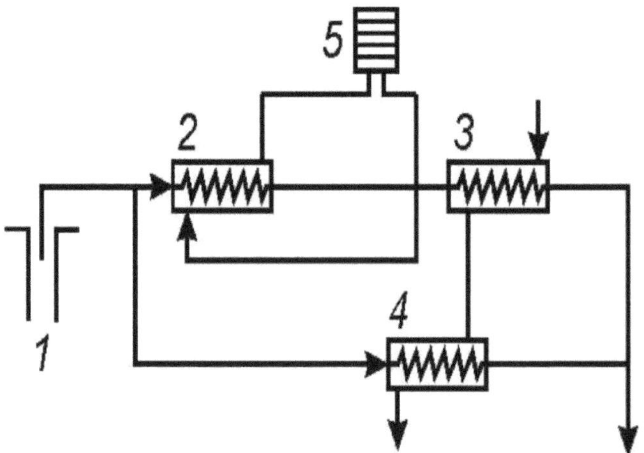

1. le minerai d'eau ; 2. le caloduc de l'installation de chauffage ; 3. le premier caloduc **de l'alimentation en eau chaude** ; 4. le deuxième caloduc de l'alimentation en eau chaude ; 5. l'installation de chauffage.

Figure 5.**3** : Utilisation de l'**eau** géothermique **dans les installations de chauffage** et pour l'approvisionnement en eau chaude.

Nous pouvons utiliser les schémas **suivants : 1. L'eau géothermique** amenée dans la maison peut d'abord **être** amenée dans le **contour de la chaudière,** qui **réchauffe le système de chauffage qui entre en contact avec elle, la déplace à travers la pompe de circulation** et **réchauffe** par conséquent la maison **(en** hiver), **après être passée par** la chaudière, l'eau géothermique peut être réchauffée et utilisée pour **l'approvisionnement en eau chaude, puis renvoyée** dans la zone prévue. **2) Il est possible** d'utiliser l'eau géothermique **uniquement** pour l'approvisionnement en eau chaude **dans la chaudière** et de **déverser ensuite** le **volume d'eau (voir illustration).**

Si l'on considère que les pertes d'énergie thermique potentielle de l'eau du puits pendant le transport de l'eau géothermique vers les collecteurs d'eau puis vers les habitations sont estimées à 10 % grâce à l'utilisation d'une isolation thermique moderne, l'énergie thermique cinétique utilisable atteindra 63 MW/h.

La combustion de 1 m^3 de gaz naturel produit 9,45kWh d'énergie. Le gaz naturel de 6700 m^3 est brûlé pour obtenir 63 MW (63 MW / 9,45 kW) par jour, le gaz naturel d'une valeur de plus de 1,4 (6700 * 365 * 0,58) millions de GEL devient économie annuelle, ce qui équivaut à 590000 dollars américains.

Pour le gisement géothermique de Lisi à Tbilissi, une personne paie 3 GEL (1,24 USD) par mois, neuf mois par an, la population est approvisionnée en eau chaude à 45^0 C, ce qui est suffisant pour fournir de l'eau chaude au ménage. Pour un ménage de quatre membres, le tarif pour neuf mois est de 4 * 3 = 12 GEL, ce qui équivaut à 5 dollars américains.

L'analyse de l'état actuel de l'utilisation de l'eau géothermique met en évidence la nécessité de résoudre plusieurs problèmes qui entravent le développement de l'énergie géothermique dans notre pays, en particulier les suivants :

- Faible absorption de l'eau géothermique et de son potentiel thermique ;
- Imperfection de la centrale thermique géothermique et prise en compte de ses spécificités ;
- l'inutilité des mécanismes existants de flux d'eau basés sur les prix, puisque le tarif est déterminé par la quantité d'eau (sans tenir compte de la température), ce qui détruit l'incitation à la fois pour le producteur et pour le consommateur, alors que la chaleur géothermique est entièrement utilisée
- Sur la base de ce qui précède, il est nécessaire de développer de nouveaux systèmes complexes pour l'approvisionnement de l'industrie géorgienne dans le domaine de l'énergie géothermique, en tenant compte des conditions naturelles et climatiques différentes et pertinentes pour chaque région. En outre, il vaut la peine de prendre en considération les facteurs qui peuvent être liés entre eux, tels que les coûts de forage, la charge en eau, la température, les pertes de chaleur dans les principaux équipements des

systèmes d'approvisionnement en énergie thermique, l'établissement et le maintien des paramètres microclimatiques dans la zone de stockage de la serre et des gisements. Ces questions complexes n'ont pas encore été étudiées, il est donc très important d'étudier les problèmes à grande échelle, de résoudre et de mettre en œuvre les tâches d'optimisation structurelle dans différents domaines de l'agriculture, ce qui rendra finalement l'économie dans les ressources énergétiques du pays, augmenter les indicateurs économiques et la fiabilité des systèmes d'approvisionnement thermique, il améliorera considérablement l'écosystème et de promouvoir le niveau de bien-être de la population locale.

6 Bioénergie

Ressources bioénergétiques

Malheureusement, il n'existe pas de vue d'ensemble complète et fondamentale du potentiel énergétique des biocarburants en Géorgie. Seules des études d'évaluation ont été réalisées, à partir desquelles il est possible de tirer des conclusions optimistes. La quantité des différents types de déchets de biomasse, leur potentiel énergétique et la valeur des économies qu'ils permettent de réaliser sont indiqués dans le tableau 6.1.

Potentiel énergétique de différents déchets de biomasse en Géorgie

Biomass species	quantity (10^3 ton)	Energy (10^9kWh)	Cost (10^6 US$)
Waste of granular and leguminous crops	870	1,3	80
Livestock and poultry wastes	1670	6,9	176
Household waste	900	0,6	14
Wastes from Tbilisi sewage water treatment equipment	250	1,0	57
Wood and its waste	700	2,7	125
Total	4390	12,5	452

Il ressort de ce tableau que l'énergie issue de la biomasse peut nous faire économiser jusqu'à 500 millions de dollars de dépenses en ressources énergétiques importées coûteuses. Outre le potentiel existant, il est possible de créer des plantations énergétiques sur les terres agricoles inutilisées de Géorgie, ce qui aura un impact positif sur la quantité de ressources bioénergétiques géorgiennes. Selon les calculs des experts, 6000 hectares de graines de colza peuvent produire 5000 tonnes de biodiesel, 10 000 tonnes de copton et 18 000 tonnes de matière sèche. La culture pérenne d'euonymus (fusain) peut également être considérée comme une option possible. Cette culture nécessite une surface humide ou semi-humide. Avec un seul semis, il est possible de récolter pendant 10 ans. La productivité dans l'ouest de la Géorgie (où les surfaces semi-humides couvrent des dizaines de milliers d'hectares) peut atteindre 2025 tonnes de matière sèche par hectare. En brûlant la partie sèche d'une tonne de silfia, on obtient une énergie thermique de 12500 MJ (3400 kWh). Par conséquent, le potentiel énergétique du silfia sur 1 hectare est de 20 * 3400 = 68000 kWh. Selon les calculs des experts, le prix d'un litre de biodiesel issu du silfia ne dépassera pas 0,6 $.

Le développement de l'agriculture en Géorgie est une question d'importance stratégique pour le pays. Avec différents domaines visant à promouvoir le développement de ce secteur, l'une des priorités est l'introduction de la biotechnologie, en particulier des installations de biogaz. Il existe plusieurs facteurs favorables au développement de ce secteur, l'un des plus importants étant les ressources de biomasse renouvelables chaque année, qui peuvent être utilisées pour couvrir 14 à 17% des besoins énergétiques de l'agriculture. La biomasse résiduelle générée par la culture des céréales en Géorgie est estimée à 1,6 million de m^3 par an.

Actuellement, le nombre total de bovins est de 1048500. Chaque année, jusqu'à 2 millions de biomasses résiduelles sont collectées dans les exploitations agricoles géorgiennes, ce qui constitue une ressource importante pour l'amélioration des conditions énergétiques, économiques et environnementales du pays. Le potentiel énergétique total des déchets de bétail et de volaille équivaut à environ 6,9 milliards de kWh et 734 millions de m^3 de gaz naturel[3] .

Autres facteurs positifs pour l'utilisation d'installations de biogaz : le biogaz obtenu par l'installation de biogaz peut être utilisé directement ou de l'électricité peut être produite. Il présente en outre les caractéristiques positives suivantes : La biomasse obtenue par l'installation de biogaz est le meilleur engrais organique. Comparé au lisier issu de l'élevage, le biofertilisant contient 30 % d'azote naturel en plus. Son utilisation permet d'augmenter la productivité de

10 à 15 %. Cela permet de réduire l'utilisation d'engrais chimiques et de diminuer la pression sur les nappes phréatiques.

Situation actuelle et défis

Dans les années 1948-1961, une série d'usines de biogaz ont été construites à l'Institut de mécanisation agricole de Géorgie. En 1959, cet institut a construit une usine de biogaz pour 200 animaux à Krtsanisi.

L'ensemble des biotechnologies opérationnelles a été mis en place entre 1994 et 2007 avec le soutien d'organisations internationales de donateurs. Plus de 400 installations sont actuellement en service. Les types de construction les plus extraordinaires sont les suivants : Machines à dôme fort, avec couverture flottante de type gobar indien ; installations de biogaz à haut rendement en fibre polymère ; réservoirs de méthane fonctionnant en surface en régime thermophile ; les installations les plus courantes sont celles de 6 m^3 (restes de 4 à 6 bovins), chinoises à dôme fort et indiennes à couverture flottante avec des modifications mineures.

Dans les régions froides de Géorgie, il existe deux raisons principales pour maintenir une température adéquate à l'intérieur de l'installation biologique : le chauffage de l'eau (par le biogaz, l'électricité, le bois de chauffage, les panneaux solaires et d'autres moyens) et l'isolation thermique (une ou plusieurs couches de terre, de foin, de fibres de verre). Au début, l'eau est chauffée avec du bois de chauffage et plus tard avec du biogaz produit. Pour des conditions thermophiles, la température intérieure doit être de 45-65^0 C. Cependant, dans des conditions climatiques froides, il est difficile de maintenir cette température sans chauffage.

Outre l'introduction de constructions chinoises, indiennes ou d'autres constructions modifiées, trois biomachines sphériques d'une capacité de 6 m3 ont été construites en 2007 en Adjarie, en utilisant des matériaux polymères importés de Turquie.

Pour utiliser efficacement l'installation de biogaz en hiver, une isolation thermique de qualité est nécessaire. L'installation de l'unité de biogaz ne prend pas plus de trois jours et peut être réalisée à n'importe quel moment de l'année.

L'installation de biogaz métallique fonctionnant en mode thermopile se caractérise par une intensité élevée (3-4 m^3 de biogaz par jour à partir d'un volume de bioréacteur de 1 m^3).

La machine a été assemblée dans une usine spécialisée, puis transportée et installée sur place. Une telle machine (capacité de 2 m^3 bioréacteur) a été installée dans une famille d'agriculteurs à Lisi et a fonctionné pendant 5 ans, permettant à la famille d'obtenir du biogaz en continu et de réduire ses coûts en gaz liquide et en bois.

Leur prix est assez élevé, car il est impossible de produire de telles installations en série. Le prix d'une installation de biogaz varie entre 2000 et 3000 US\$ en fonction du type, de la taille, du traitement des matières premières et de l'emplacement. De plus, toutes les installations mentionnées ci-dessus doivent être installées par des professionnels qualifiés.

L'un des fabricants sur le marché géorgien, qui vend des installations de biogaz pour 7500 GEL (3100 USD), propose les installations suivantes du système thermophile (voir figure 6.2) :

1. Volume 3 m^3 ;
2. Capacité de production 9-12 m^3 /jour ;
3. Bétail : 15 âmes de bétail ou 60 porcs ;

4. Comprend : 1 réacteur, 2 réservoirs de gaz, four à haut rendement énergétique, nœuds à rouleaux, pompe pour le transport de la solution, récupérateur, armoire électrique.

Figure 6.2 Installations de biogaz

7 Cadre juridique pour les énergies renouvelables

Afin d'utiliser efficacement les ressources énergétiques, d'accroître la sécurité et la stabilité énergétiques et de répondre à la demande croissante d'électricité, il est important de disposer d'une politique claire en matière de développement des énergies renouvelables (y compris l'hydroélectricité). Il est donc important de mettre à jour la législation existante conformément aux directives européennes.

En signant le traité instituant la Communauté de l'énergie le 27 juin 2014, la Géorgie s'est engagée à mettre la législation géorgienne en conformité avec les règlements et directives de l'UE et de la Communauté de l'énergie. Les principales directives concernant les énergies renouvelables et l'efficacité énergétique sont les suivantes

Directive 2009/28/CE du Parlement européen et du Conseil du 23 avril 2009 relative à la promotion de l'utilisation de l'énergie produite à partir de sources renouvelables

Directive 2006/32/CE du Parlement européen et du Conseil du 5 avril 2006 relative à l'efficacité énergétique dans les utilisations finales et aux services énergétiques

Directive 2012/27/UE du Parlement européen et du Conseil du 25 octobre 2012 relative à l'efficacité énergétique

Le traité de la Communauté de l'énergie fixe, entre autres, les délais de mise en œuvre de ces directives. Si la Géorgie n'adhère pas à la Communauté de l'énergie dans les deux ans suivant la signature du traité, c'est-à-dire avant 2016, le Conseil de la Communauté de l'énergie devrait fixer un nouveau délai, et au plus tard en 2017.

La loi sur l'électricité et le gaz naturel est le principal acte législatif régissant le secteur de l'énergie en Géorgie. L'objectif principal de la loi est de promouvoir les énergies renouvelables et d'autres ressources locales, d'améliorer l'efficacité de la production, du transport, de la distribution, de l'importation, de l'exportation et de la consommation, et d'encourager la priorité aux énergies renouvelables, la diversification des ressources énergétiques et les mesures d'efficacité énergétique. Conformément à la loi sur l'électricité et le gaz naturel, les centrales électriques d'une puissance installée inférieure à 13 MW ou mises en service depuis 2008 (à l'exception de celles qui fournissent une capacité garantie au système) sont déréglementées et ne sont pas soumises à la régulation des tarifs par la commission de régulation. L'électricité produite par les centrales déréglementées est vendue aux consommateurs éligibles par le biais de contrats directs ou à l'ESCO en tant qu'énergie d'ajustement. Il convient de noter qu'en 2015, aucun contrat direct n'a été conclu entre une petite centrale de cogénération et un consommateur direct, principalement en raison de la faible concurrence.

L'un des principaux actes législatifs visant à promouvoir les énergies renouvelables et l'efficacité énergétique dans le pays est le décret sur les "principales orientations de la politique énergétique", adopté par le Parlement géorgien le 24 juin 2015. Les principales orientations de cette politique sont

l'utilisation des énergies renouvelables, ce qui augmentera la capacité installée du pays grâce à des investissements directs locaux et étrangers. En outre, cela réduira la dépendance du pays vis-à-vis d'autres produits énergétiques et améliorera la sécurité énergétique du pays ;

La Géorgie en tant que centre régional de production et de commerce d'énergie propre. En particulier, les ressources hydroélectriques et autres ressources renouvelables existantes, les infrastructures correspondantes et l'environnement favorable aux investissements permettent à la Géorgie de devenir un centre régional de production et de commerce d'énergie propre ;

développer une approche commune de l'efficacité énergétique et de son application. Cela implique une gestion appropriée de la production, du transport, de la distribution et de la consommation d'énergie, y compris la mise en œuvre de programmes d'efficacité énergétique, qui jouent un rôle important dans l'optimisation de la consommation d'énergie.

Il convient également de noter que le programme d'État "Énergies renouvelables 2008", approuvé par le gouvernement géorgien, a fixé les règles pour la construction de centrales hydroélectriques. Actuellement, c'est l'ordonnance 214 du 21 août 2013 du gouvernement géorgien qui constitue la base juridique pour la construction d'installations de cogénération. Elle permet aux investisseurs de choisir le projet dans une liste publiée sur le site web du ministère de l'énergie. Depuis son adoption, un certain nombre de centrales de cogénération ont été construites sur la base de l'ordonnance 214.

Les lois sur les énergies renouvelables et l'efficacité énergétique en Géorgie sont très faibles et inefficaces. D'importantes réformes pratiques et législatives doivent donc être mises en œuvre. Il n'existe pas de loi sur l'efficacité énergétique et les énergies renouvelables. D'autre part, il est nécessaire d'évaluer le potentiel technique et économique des ressources d'énergie renouvelable du pays afin de garantir un développement plus efficace, conformément aux principes du développement durable. Il est également important de produire des statistiques détaillées sur l'efficacité énergétique et les énergies renouvelables, ce qui est l'une des exigences de l'accord d'association. Il convient de noter que le ministère de l'énergie a commencé à élaborer le plan d'action national géorgien pour l'efficacité énergétique fin 2015, avec le soutien d'organisations donatrices.

8 Électricité produite à partir de sources d'énergie renouvelables - Transformateurs et indicateurs technico-économiques des centrales électriques

Malgré l'instabilité de l'économie, le manque de ressources financières dans le secteur de l'énergie, l'absence d'une loi visant à promouvoir le développement et l'investissement dans les énergies renouvelables et de nombreux autres facteurs entravants, de légères évolutions vers les énergies renouvelables sont visibles, le tout avec l'aide d'investissements et de subventions étrangers. Les développements mineurs comprennent la recherche de bureau dans le domaine du développement des énergies renouvelables, la sensibilisation du public, la préparation technique et l'installation de petites capacités dans les secteurs commercial et résidentiel. Parmi les bons exemples, on peut citer les panneaux solaires répartis dans toute la Géorgie, les cellules photovoltaïques, les batteries solaires installées à l'aéroport et la centrale éolienne de Gori.

Le tableau ci-dessous présente des projets d'indicateurs techniques et économiques pour les centrales alimentées par des sources d'énergie non traditionnelles et traditionnelles (voir tableau 8.1). Les données sélectionnées pour les centrales de cogénération sont comparées à d'autres sources d'énergie non traditionnelles ou traditionnelles. Le tableau ci-dessous montre que l'installation d'une centrale solaire d'un kilowatt nécessite le montant d'investissement le plus élevé - 13715 $, soit huit fois plus que le montant requis pour les centrales hydroélectriques (1616 $). En outre, le temps de fonctionnement annuel d'une centrale solaire n'est que de 1048 heures, soit cinq fois moins que le temps de fonctionnement d'une centrale hydroélectrique

(5194 heures par an), et il apparaît que l'investissement dans des centrales solaires est 40 fois moins rentable pour l'investisseur que l'investissement dans des centrales hydroélectriques. Les calculs ont montré que la centrale éolienne est beaucoup plus compétitive que la centrale hydroélectrique ; les deux nécessitent presque le même montant d'investissement pour l'installation d'une puissance de 1 KW (HPP - $5144, WPP - $4251). Ces données permettent de conclure que le développement d'un certain type d'énergie renouvelable dans notre pays offre d'énormes possibilités. Le tableau 8.1 montre que la mise en service d'une centrale thermique nécessite le plus faible investissement par kW (956,6 $). De plus, par rapport à toutes les autres centrales, elle se distingue par la durée de fonctionnement la plus longue de l'année (7608 heures), mais a un impact négatif sur l'environnement. L'étude économique a montré que l'exploitation des centrales CCF et CCT est rentable pour les investisseurs, mais cette étude montre également la compétitivité des éoliennes par rapport à celles-ci.

Tableau 8.1

Les paramètres techniques et économiques pour la conception de centrales électriques utilisant des sources d'énergie non traditionnelles sont les suivants

Power plants	Location	Installed capacity	Power generation	Including for 1 KW capacity (USD)	Including for 1 KW capacity (USD)	Number of used hours
Solar	Tbilisi Airport	350 KW	367 GWh	4,8	13715	1048
Wind	Gori municipality	20,7 MW	88 GWh	35,0	1690	4251
TPP	Gardabani	230 MW	1750 GWh	220,0	956,6	7608
HPP	Kazbegi districts (Tergi HPP)	26,3 MW	136,6 GWh	42,5	1616	5194

Le potentiel de l'énergie éolienne est plus élevé en hiver, tandis que les capteurs solaires ont un potentiel plus élevé en été. La combinaison de ces deux ressources non traditionnelles dans un système complexe et fonctionnel peut être avantageuse.

La consommation d'électricité en 2017 a atteint 11,9 TWh, soit une hausse de 7,7 % par rapport à 2016, et une augmentation de 7,1 % de la consommation d'électricité est prévue pour 2018. L'offre totale d'électricité, qui se compose de la production nationale (11,5 TWh) et des importations (1,5 TWh), a atteint 13,0 TWh en 2017 (+8,1 % par rapport à l'année précédente). La production d'hydroélectricité a représenté 71 % de l'offre totale en 2017 et a diminué de 1,3 % en glissement annuel, malgré l'intégration de trois grandes centrales de cogénération dans le système, en raison des mauvaises conditions hydrologiques. Les centrales de cogénération intégrées au système en 2016-2017 (Dariali, Khelvachauri et Shuakhevi) devraient entraîner une augmentation de 7,5 % par an en 2018. La centrale éolienne de Gori, d'une puissance de 20,6 MW, a produit 0,09 TWh d'électricité au cours de sa première année complète de fonctionnement et a contribué à 0,7 % de l'approvisionnement total en 2017. La centrale solaire installée à l'aéroport devrait fournir 0,366GWh en 2017. Au total, l'énergie produite à partir de sources renouvelables a représenté 71,4 % de l'approvisionnement énergétique total (voir figure 8.2).

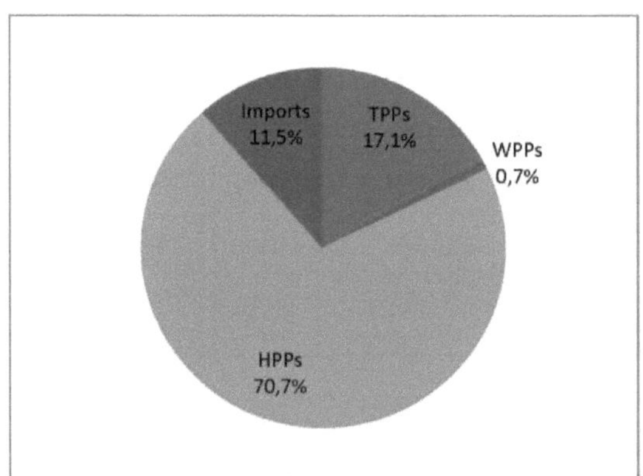

Figure 8.2 Mix de production d'électricité en 2017

Environ 80 % de la production locale d'électricité provient de sources d'énergie renouvelables (centrales hydroélectriques) et les 20 % restants de sources d'énergie traditionnelles (centrales thermiques). En conséquence, la part de l'hydroélectricité dans l'alimentation totale du réseau national est en moyenne de 82 % sur la période 2006-2015, tandis que la part de la production thermique est de 18 %. Comme vous pouvez le constater sur le graphique, la part des énergies renouvelables dans la production totale augmente chaque année si l'on tient compte du taux de croissance de la demande d'électricité (3-4 % en moyenne). Cela sert la politique de satisfaction de la demande par un approvisionnement local. La part élevée de l'énergie hydraulique s'explique également par l'ajout de nouvelles capacités hydrauliques au système et par la mise en service de nouvelles centrales électriques. Cette augmentation annuelle des capacités hydrauliques a un impact positif sur le déploiement des énergies renouvelables et la sécurité énergétique du pays.

Selon le ministère géorgien de l'énergie, 52 centrales de cogénération devraient être construites et mises en service au cours de la période 2016-2025. Compte tenu de la capacité installée de ces centrales de cogénération, le mix global des sources d'énergie par capacité sera modifié et la part des énergies renouvelables atteindra 86 %, contre 14 % pour la capacité thermique. Le graphique ci-dessous montre la part des différentes sources d'énergie dans la capacité totale en MW d'ici 2025, comparée à la capacité de 2015 - 3.718,16MW. Jusqu'en 2020, la répartition de la part des capacités de production du pays est représentée sur le dessin, comme il ressort du dessin que la production d'électricité dans le pays sera de 6.680,51 MW en 2025, par rapport à 3.718,16 MW en 2015 - une augmentation de 80%. La part des petites, grandes et moyennes centrales électriques va presque doubler d'ici 2025. L'investissement total pour les centrales à développer s'élève à 5,2 milliards de laris (2,15 USD), ce qui permettra d'augmenter la production d'électricité en Géorgie de 11 milliards de kWh.

Capacités de production en 2017

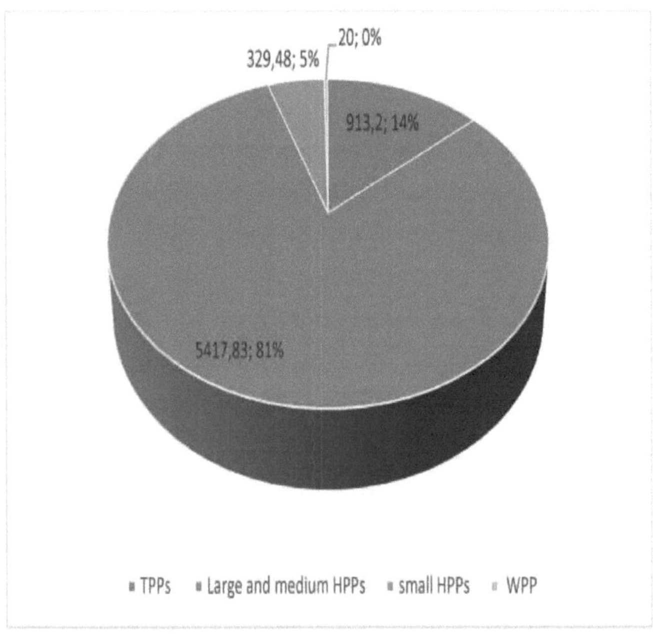

La position géographique stratégique de la Géorgie, son fort potentiel en ressources énergétiques renouvelables et le développement positif de son secteur énergétique laissent penser que, dans un avenir proche, la Géorgie pourra non seulement répondre à la demande locale en **"énergie verte", mais aussi être en mesure de réaliser de solides exportations vers les pays voisins.**

9 références

1. Ir. Jordania, T. Urushadze, O. Faresishvili, N. Mirianashvili, D. Chomakhidze et autres- Natural resources of Georgia, Tbilisi, 2015. PP 1183. (en géorgien).

2. D. Chomakhidze, G. Shengelia - Complexe énergétique de Géorgie "Lambert Academic Publishing, 2017

3. Ministère de l'énergie de Géorgie - Stratégie énergétique de la Géorgie 2016-2025. www.minenergy.gov.ge

4. Chomakhidze Demur. Bilan énergétique de la Géorgie. Université technique de Géorgie, Tbilissi, 2006, PP. 353 (en géorgien).

5. Institut national de la statistique de Géorgie (GEOSTAT). Bilan énergétique de la Géorgie, publication statistique, 2016, (en Géorgie)

6. Chomakhidze Demur. La sécurité énergétique de la Géorgie, PDP, Tbilissi, 2003, PP. 545 (en Géorgie).

7. D. Mirskhulava, D. Chomakhidze, R. Arveladze, E., Eristavi, P. Tsintsadze et autres. Stratégie énergétique de la Géorgie, Bakur Sulakauri, Tbilissi, 2004, PP. 297 (en géorgien).

8. Commission nationale géorgienne de régulation de l'énergie et de l'approvisionnement en eau, rapports annuels 200-2015, www.gnerc.org ;

9. Opérateur géorgien du marché de l'énergie (ESCO), rapports annuels 20052015, www.esco.ge

10. Principales statistiques mondiales sur l'énergie, 2008e2014. www.iea.org

11. A.K. Didebulidze, G.I. Tarkhan-Mouravu, Properties for sustainable development of Georgia highlands, Ann. Agrar. Sci. 9 (1) (2011) 153e157.

12. D. Chomakhidze, The Regulation of Sustainable Energy Development, Technikal University, 2012 (en géorgien).

13. D. Chomakhidze, Energy Sector of Georgia, Université de technologie, Tbilissi, 2014 (en géorgien).

14. D. Chomakhidze, Géorgie : ressources énergétiques, "Asie centrale et Caucase", 4(46) 2007

15.   Annuaire statistique de la Géorgie, GEOSTAT, 2016

16. D. Chomakhidze, bilan énergétique de la Géorgie "AASCI" Science direct, 2016, août

17. Natural Resources of Georgia, co-auteurs (2 volumes), sous la direction scientifique de l'Academician I. Jordania.

18. Kublashvili G. Ressources énergétiques non traditionnelles de la Géorgie et étude de faisabilité de leur utilisation. Koutaïssi. 2016. PP. 103.

19. Mirianashvili N., Vezirishvili K. Élaboration et étude de l'efficacité énergétique de systèmes composites de chauffage et de refroidissement à conservation d'énergie basés sur des installations de pompes à chaleur à eau géothermique dans des exploitations du complexe agro-industriel. Tbilissi. 2010. - 76-81 pp.

20. Grdzelishvili M. Giorgobiani O. "Heating with Non-traditional Renewable Energy" Tbilisi, 2012.

21. Kotorishvili E. "Les énergies renouvelables en Géorgie et leur utilisation". Tbilisi. 2014.

22.   http://www.observer.com.ge/2015/12/07/

23.   http://www.eecgeo.org/ge/documents.htm

24.   http://bioenergy.ge/

25.   http://www.sun.org.ge/?l=geo

26.   Qwf.ge

27.   Gedf.com.ge

Annex 1

Map of Electricity Transmission Network of Georgia in 2015

Annex 2

Main parameters for the HPPs of Mtkvari river basin

HPP name	HPP capacity MW	Annual generation GWh	Annual application of installed capacity, hours	Regulation
Chitakhevi	21	110	5240	Without regulation
Zahesi	36,8	203	5500	Daily
Ortachala	18	90	5000	Daily
Khrami-1	112,8	217	1920	Annual
Khrami-2	110	370	3360	Daily
Jinvali	130	480	3700	Annual
Total	428,6	1470	-	-

Annex 3

Parameters of the potential HPPs on river Kodori

HPP name	HPP capacity MW	Annual generation GWh	Annual application of installed capacity, hours	Regulation
Zemo Chkhalta	90	340	3900	Daily
Shua Chkhalta	190	770	4000	Daily
Kvemo Chkhalta	200	700	3750	Seasonal
Lata	220	990	4500	Daily
Tekhi	370	1410	3800	Seasonal
Vardnili (4)	230	1000	4400	Daily
Total	1300	5210	-	-

Annex 4

Total HPP generation in Georgia

Years	GWh	Years	GWh	Years	GWh
1913	5	1973	2071	1999	6467
1940	544	1974	1878	2000	5953
1945	548	1975	2564	2001	5531
1950	894	1976	3329	2002	6767
1951	1057	1977	3145	2003	6525,8

1952	1171	1978	3665	2004	5892,8
1953	1116	1979	5288	2005	5850,2
1954	1188	1980	6410	2006	5321,6
1955	1173	1981	5648	2007	6724,5
1956	1540	1982	7088	2008	7053,6
1957	1454	1983	6215	2009	7314,6
1958	1616	1984	7067	2010	9263,3
1959	1782	1985	6243	2011	7788,7
1960	2223	1986	6056	2012	7122,1
1961	2158	1987	7693	2013	8163,5
1962	2372	1988	7748	2014	8333,7
1963	2706	1989	8787	2015	8453,8
1964	2905	1990	7600	2016	9220,0
1965	2792	1991	7041		
1966	2709	1992	6515		
1967	2425	1993	7011		
1968	2791	1994	4923		
1969	2597	1995	6383		
1970	2642	1996	6120		
1971	2637	1997	6053		
1972	2500	1998	6387		

Electricity Supply

Title	2009	2010		2011		2012		2013		2014		2015	
	Million/kw/h	Million/kw/h	Increase (%)	Million/kw/h	Increase (%)	Million/kw/h	Increase (%)	Million/kw/h	Increase (%)	Million/kw/h	Increase (%)	Million/kw/h	Increase (%)
Total Generation	8,407.7	10,057.7	19.62%	10,104.6	0.47%	9,697.6	-4.03%	10,058.7	3.72%	10,369.6	3.09%	10,832.6	4.46%
Thermal Power Plants- Total	990.7	682.8	-31.08%	2,212.1	223.97%	2,477.1	11.98%	1,787.7	27.83%	2,035.9	13.88%	2,378.7	16.84%
Share of thermal power plants in generation	11.78%	0.79%		21.89%		25.54%		17.77%		19.6%		22%	
Hydro Power Plants- Total	7,417	9,374.9	26.40%	7,892.5	-15.81%	7,220.5	-8.51%	8,271	14.55%	8333.7	0.76%	8,453.8	1.44%
Regulatory	4,737.5	6,525.4	37.74%	5,217.5	-20.04%	4,905.6	-5.98%	5,385.1	9.77%	5158.9	-4.2%	5118.5	-0.78%
Seasonal	2,421.3	2,532.5	4.59%	2,379.3	-6.05%	2,047.9	-13.93%	2,557.1	24.86%	2682.7	4.91%	2817.3	5.02%
Small	258.2	317	22.77%	295.7	-0.72%	267	-9.71%	328.8	23.15%	492.1	49.07%	518	5.26%
Share of Hydro in Generation	88.22%	93.21%		78.11%		74.46%		82.23%		80.40%		78%	
Total Import	254.8	222	-12.90%	471	112%	614.6	30.49%	484.1	21.23%	851.9	175.98%	699.2	-17.92%
Import from Russia	223.3	211.9	-5.11%	447.6	111.23%	517.1	15.53%	460.0	-10.93%	607	31.78%	511	-15.82%
Import from Azerbaijan	31.5	10.1	-67.94%	23.4	131.68%	97.5	310.67%	23.5	-75.90%	184.2	083.83%	101.7	-44.79%
Import from Armenia	0	0	0%	0	0%	0	0%	0	0%	2.1	100%	86.5	4019.05%
Import from Turkey	0	0	0%	0	0%	0	0%	0	0%	0	0%	0	0%
Transit										58.0			
Share of import in total resources	2.94%	2.16%		4.45%		5.96%		4.59%		7.59%		6.1%	
Total Generation and Import	8,662.5	10,279.7	18.67%	10,575.6	2.88%	10,312.2	-2.49%	10,542.8	2.24%	11,221.5	6.44%	11,531.8	2.77%
Plant Losses and own consumption	129.6	138.5	6.87%	192.4	38.92%	225.7	17.31%	198.1	12.21%	215.9	8.96%	240	11.16%
Delivery into the Network	8,532.9	10,141.2	18.85%	10,383.2	2.39%	10,086.5	-2.86%	10,344.7	2.56%	11,005.6	6.39%	11,291.7	2.6%

Existing Tariffs of the Electricity Sector

(Tariffs do not include VAT)

Guaranteed Capacity Sources	Tariffs	
	Cost of Capacity GEL/Day	Electricity Tariff Tetri/KW/h
"G-Power" LLC	41,671	8,46
"Mtkvari Energy" LLC	59,957	10,748
Georgian International Energy Corporation" (Tbilsresi)	49,4	11,303
"Gardabani Thermal Power Plant" LLC	366,173	6,659

HPPs	Tariffs Tetri/KW/h
"Enguri HPP" LLC	1,187
"Vardnili HPP Cascade" LLC	1,17
"Energo-Pro Georgia" JSC (Shaori HPP)	2,586
"Energo-Pro Georgia" JSC (Dzevrula HPP)	2,764
"Khrami HPP 1" JSC	8,2
"Khrami HPP 2" JSC	9,4
"Georgian Water and Power" LLC (Jinvalhesi)	1,83
"Zahesi" JSC	5,225
"Energo-Pro Georgia" JSC (Lajanuri HPP)	2,064
"Energo-Pro Georgia" JSC (Rioni HPP)	3,827
"Vartsike 2005" LLC	1,25
"Eastern Energy Corporation" LLC (Khadori HPP)	8,75
"Energo-Pro Georgia" JSC (Atshesi)	4,067
"Energo-Pro Georgia" JSC (Gumati HPP)	2,385
"Energo-Pro Georgia" JSC (Ortachala HPP)	2,5
"Energo-Pro Georgia" JSC (Satskheni HPP)	6,17
"Energo-Pro Georgia" JSC (Chitakhevi HPP)	3,933
"Electricity System Commercial Operator" LLC	0,019

Type of Activity	Company	Voltage Levels	Tariffs/Tetri /kw/h
Electricity Dispatch	"Georgian State Electrosystem" JSC		0,998
Electricity Transmission	"Georgian State Electrosystem" JSC		0,754
	"Energotrans" LLC	500 kw	0,42
		400 kw	0,29
	"Sakrusenergo" JSC		0,18
Electricity Distribution	"Energo-Pro Georgia" JSC	35-110 kW	1,652
		6-10 kw	2,175
		0,4 kw	6,927
	"Telasi" JSC	35-110 kw	0,705
		6-10 kw	1,773
		0,4 kw	5,567
	"Kakheti Energy distribution" JSC	35-110 kW, 35-110-purchase	0,932
		6-10 kw, 35-110-purchase	2,626
		0,4 kw, 35-110-purchase	6,218
		6-10 kw, 6-10-purchase	2,046
		0,4 kw, 6-10-purchase	5,638

Structure of Electricity Generation of HPPs

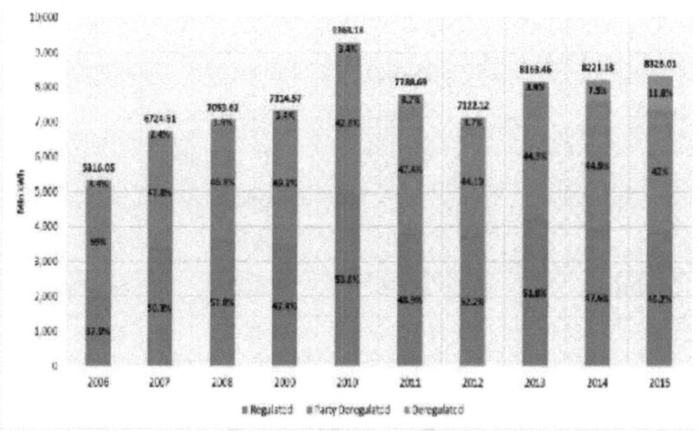

Generation Capacities in 2015

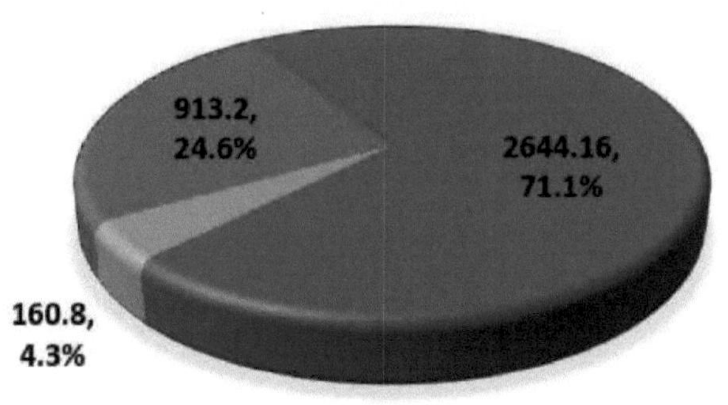

Parameters of the potential HPPs on Enguri cascade

Name of HPP	Capacity 10^3 kW	Annual generation, 10^6 kWh	Annual application of installed capacity, hours	Regulation
Tobari	600	2180	3650	Seasonal
Fari	140	570	4000	Seasonal
Kala	20	114	5700	Without regulation
Ipari	32	183	5700	Without regulation
Latali	72	388	5400	Without regulation

Aperçu du contenu

Printed by Books on Demand GmbH, Norderstedt / Germany